AF438237

QUELQUES RÉFLEXIONS

SUR LES DOMMAGES CAUSÉS PAR L'INVASION

par

M. PETITBIEN

Membre du Conseil général de Meurthe-et-Moselle

LUNÉVILLE

IMPRIMERIE NOUVELLE, 6, RUE DE LORRAINE, CH. ROBIN.

DOMMAGES CAUSÉS PAR L'INVASION

SOLIDARITÉ & RÉPARTITION

L'Assemblée nationale, quelque temps après la conclusion de la paix, dut s'occuper des ruines causées par l'invasion. Elle parut adopter alors le principe de la solidarité et c'est presque d'enthousiasme qu'elle vota la réparation des dommages éprouvés par les pays envahis ; aussi ne pouvait-on supposer qu'il lui suffirait d'en payer le tiers pour se considérer comme complétement dégagée. On a voulu s'autoriser du terme *dédommagement* employé par la loi du 6 septembre 1871, pour justifier cette résolution, mais il nous semble que le mot *dédommagement* signifie tout autre chose que ce qu'on voudrait lui faire dire. Ouvrons, en effet, le Dictionnaire de Bescherelle au mot dédommagement, nous trouvons : *Dédommager, rendre l'équivalent d'un dommage* ; or, nous le demandons, 340 millions sont-ils l'équivalent de 860 millions et répare-t-on un dommage en n'en payant que le tiers ? Ce n'est pas là non plus le large et généreux soulagement que le gouvernement, quoique contraire au principe de l'indemnité, avait promis d'accorder aux victimes de l'invasion.

Si l'on a adopté le mot dédommager au lieu de celui d'indemniser, terme de palais qui signifie rendre une chose égale à la chose perdue, ce n'est pas qu'on repoussât le principe de la solidarité, mais c'est qu'on voulait éviter les contestations judiciaires, aussi ne s'attendait-on pas à voir la loi de 1873 consacrer le principe de l'irresponsabilité.

Ce ne sont pas les départements envahis qui ont seuls provoqué la guerre, elle a été votée par les représentants de la nation, elle est l'œuvre de la France entière qui doit en réparer les désastres, car elle en assume toute la responsabilité.

Sous les gouvernements de droit divin, on comprend à la rigueur, qu'il en ait été autrement ; le roi maître absolu de la vie et de la fortune de ses sujets pouvait en disposer suivant son bon plaisir. Les guerres de cent ans, de trente ans et tant d'autres, entreprises sous nos rois légitimes, ont pu ruiner la France, désoler des provinces et jeter la consternation dans tout le pays, mais jamais elles n'ont donné lieu à aucune indemnité. C'est qu'alors le peuple ne comptait pas; instrument passif, entre les mains du monarque, il pouvait servir à son ambition; mais qui s'inquiétait de ses souffrances? Aujourd'hui il n'en peut plus être ainsi, le droit divin est mort et bien mort, et quoiqu'on dise et quoiqu'on fasse on ne ressuscite pas un cadavre.

Un nouveau principe sorti du sein de la Révolution française gouverne le monde et, quoique né d'hier, sa force est si grande, sa raison d'être si impérieuse que ceux-là même qui prétendent l'annuler à leur profit, sont obligés de s'incliner hypocritement devant lui. C'est le principe de la souveraineté nationale. Eh bien! la solidarité nationale est le corrolaire obligé de la souveraineté nationale, car qui dit souverain dit responsable, qui dit responsable dit solidaire quand la souveraineté s'exerce collectivement. On a donc prétendu à tort que la solidarité ne doit naître que d'une loi ou de la volonté des partis; elle résulte de la nature même de notre organisation sociale.

La Nation est une agglomération d'individus, de familles unis par les mœurs, par les sentiments dans une contrée qu'on appelle la patrie; chaque individu, chaque famille quoique travaillant pour son intérêt particulier ne sont pas moins associés, et ne sont pas moins tenus à faire les sacrifices que comporte l'association dans l'intérêt commun.

Ces associations ont pour objet d'assurer par le concours de tous une protection efficace à tous les intérêts particuliers. Il y a donc solidarité. Chacun est censé concourir aux charges en proportion de sa fortune pour assurer non-seulement cette protection mais encore pour accroître d'une manière générale le bien être social. La société ainsi solidarisée garantit à chacun la justice qui lui est due pour la protection de sa personne et de ses intérêts.

La vie et la fortune des citoyens étant ainsi consacrées à la défense des intérêts généraux, la masse des citoyens comme la masse de la fortune publique, sont des gages hypothécaires, sur lesquels tous ont une inscription en garantie du respect de leur personne et de leurs possessions. C'est un contrat d'assurance mutuelle entre tous les membres qui composent la Nation; la masse garantit la partie. En un mot toute la fortune publique garantit la fortune privée dans le cas ou celle-ci est sacrifiée à l'intérêt général.

On a cherché à confondre la fraternité avec la solidarité. La fraternité est un sentiment basé sur l'origine commune de l'humanité, sentiment chrétien dont le développement s'accroît en raison inverse de l'orgueil individuel. La solidarité résulte d'une communauté d'intérêt. Les actionnaires d'une société industrielle sont solidaires pour tout ce qui concerne les affaires de la société. Ils sont représentés par un conseil d'administration qui agit avec leur pouvoir. Ils profitent ou pâtissent chacun dans la proportion de son actif social de la bonne ou mauvaise gestion de leurs mandataires. C'est l'image de la Nation.

Cette théorie de l'irresponsabilité a beau être entourée de métaphores, elle se traduit, de la part des départements qui n'ont pas subi l'invasion, par cette solution brutale, mais exacte : « *Je partagerai avec vous quand il y aura bénéfice, mais non quand il y aura perte.* »

Les esprits sages ont toujours revendiqué le principe de la responsabilité commune, parce qu'il offre des garanties contre les décisions irréfléchies, mais il n'a jamais pu être introduit dans les lois *monarchiques* d'une manière précise, ni être mis en pratique complétement. Les lois des 10 juillet 1791 art. 17 et 18 et 11 août 1792 admettent bien le principe de l'indemnité. « La Convention voulant donner aux nations étran-« gères le premier exemple de la fraternité qui unit les citoyens d'un peuple libre, et qui rend commun au « corps social les dommages causés à l'un de ses membres déclare qu'elle indemnisera tous les citoyens des « pertes qu'ils auront éprouvées ou éprouveront par suite de l'invasion de l'ennemi. » Néanmoins la jurisprudence a toujours refusé de reconnaître ce droit, mais la jurisprudence n'établit pas de principes et souvent même elle change de doctrine au grand détriment de la justice et de la concorde publique.

Les adversaires de la solidarité disent que les départements frontières, étant par leur position géographique exposés aux désastres de l'invasion, doivent supporter les inconvénients de leur situation naturelle; on ajoute que les départements du Nord-Est sont riches et que ceux du Centre qui sont pauvres ne demandent pas à partager avec eux. Une pareille théorie ne tendrait à rien moins qu'à anéantir l'esprit national et à faire une scission entre les départements frontières et ceux du Centre. Les départements frontières protègent ceux du Centre, commme la clôture d'une propriété défend celle-ci. Le propriétaire sacrifie une partie des produits de l'extrémité de sa propriété à la sécurité de l'intérieur et le reste acquiert la plus-value que perd la partie sacrifiée.

Les frontières sont modifiées : la clôture de la France a disparu par la perte des places frontières qu'il faut rétablir en arrière en créant dans l'intérêt du centre des servitudes où il n'en existait pas. Les départements du centre gagnent donc ce que perd cette partie protectrice, ils doivent lui en tenir compte. Les deux ou trois rangs de citadelles qui sont opposés à l'ennemi, sont-ils dans l'intérêt de la frontière ou dans celui de l'intérieur ? Ils sont évidemment là pour empêcher la marche de l'envahisseur vers l'intérieur et dans l'intérêt du centre ; ces travaux arrêtent l'ennemi, l'exaspèrent et le portent à des excès sur les populations les plus voisines de ces ouvrages. La tactique militaire invite de plus les armées d'investissement à ruiner les environs des places de guerre afin d'empêcher le ravitaillement. Est-on bien venu à leur dire : Vous étiez placés là pour cela, tant pis pour vous.

Les grands travaux publics, chemins de fer, routes, canaux, sont partout dans l'intérieur disposés pour le plus grand accroissement de la prospérité locale, tandis que dans la zone frontière leur exécution, leur direction sont subordonnés aux besoins de la défense nationale, quels que soient d'ailleurs les intérêts qu'il lui faut sacrifier.

C'est la nation qui choisit les points ou l'ennemi doit être arrêté, inquiété, c'est dans son intérêt qu'elle frappe le pays d'une servitude pouvant donner lieu à des dommages considérables dont elle est naturellement responsable. Il paraît suffisant que les départements frontières subissent les servitudes résultant des besoins de la défense sans qu'on les oblige à supporter les dégats matériels qui peuvent en être la conséquence.

Les villes qui ont résisté plus longtemps ont eu plus à souffrir. Est-ce dans leur intérêt ou dans celui du centre de la France ? Pense-t-on que les ruines qu'on leur laisse soient de nature à les encourager beaucoup à la résistance. Si elles avaient moins de patriotisme, l'autorité militaire n'aurait-elle pas à subir une pression d'autant plus grande pour la reddition que les dommages apparaîtraient plus apparents. Encore n'ont-elles pas le profit ou l'honneur de leur sacrifice, c'est l'autorité militaire, c'est-à-dire encore l'Etat qui dispose d'elles ; dans la masse des réparations chacun doit payer en proportion de ce qu'il a, et si les départements du Centre sont pauvres, ils auront moins à payer, de même il sera tenu compte aux départements du Nord-Est de leur part dans les pertes en raison de leur richesse.

On a dit : « La guerre est un cas de force majeure qui ne peut donner lieu à indemnité. » La guerre, comme tout autre accident, peut être invoquée comme cas de force majeure par qui serait empêché de remplir ses engagements, mais il ne saurait être invoqué par qui l'a fait naître ; or la guerre que nous avons subie est le fait des représentants de la nation et ils ne peuvent s'en prévaloir pour se soustraire au principe de la solidarité. La guerre est pour les monarques un jeu de spéculation dont le but est d'agrandir leurs Etats aux dépens de leurs voisins, de remporter du butin et d'entretenir des dissentiments entre les peuples : c'est une entreprise aléatoire, et les nations qui la font doivent en supporter les conséquences, quelles qu'elles soient. Si au lieu d'avoir à payer cinq milliards, la France les avait reçus (supposition impossible à la vérité parce que la France ne fait pas la guerre pour remplir ses coffres) tous les départements eussent profité des résultats, pourquoi ne supporteraient-ils pas en commun le poids de nos désastres ?

Les départements envahis ont été expropriés de leurs biens par suite d'un acte des représentants du pays, ils doivent être rendus indemnes.

On trouve singulier qu'on n'adopte le principe de la réparation, que relativement aux dommages directs, et l'on s'étonne que ceux qui ont vu leur commerce ou leur industrie souffrir, ne jouissent pas des mêmes avantages que ceux dont les propriétés ont été dévastées. Les dommages indirects sont rarement appréciables ; le commerçant, l'industriel ont pu être empêchés, par la guerre, de gagner ce que leur avait fait espérer une année de paix, mais l'impossibilité de gagner n'est pas une perte. En me volant ma bourse, mes outils on a pu m'empêcher de travailler ou de faire un commerce lucratif, mais rien ne peut justifier que ce travail eût été fait, ni qu'il eût été lucratif ; le contraire pourrait tout aussi bien se soutenir, et comme tout en ce monde est heur et malheur, que les choses qui font d'abord concevoir les plus riches espérances peuvent contribuer à la ruine de leur auteur, une perte pour une chose inexécutée ne peut être appréciée : la restitution de la bourse et des outils remet l'individu dans la situation qu'il avait avant la guerre, c'est tout ce que la justice peut exiger.

Ceux dont les propriétés ont été dévastées, qui ont vu leur bétail enlevé, leur maison incendiée n'ont pas été exempts de dommages indirects. La guerre était encore pour les départements libres une occasion de travail et d'activité, tandis que dans les contrées envahies personne n'a pu travailler ; il n'y avait plus de commerce ni d'industrie ; les denrées alimentaires, qui étaient laissées à la population, avaient atteint un prix excessif ; tous ceux qui ont du passer par les exigences des intermédiaires pour avoir les choses nécessaires à leurs besoins ou à celui de leur ménage ont surpayé beaucoup : c'est là un dommage indirect ; rien ne prouve en effet que celui qui a subi cette perte n'aurait pu se passer des objets surpayés, ni les trouver à meilleur compte.

: On a dit aussi : Un propriétaire avait une forêt qui a été incendiée : Vous indemnisez le propriétaire de la perte du bois, mais vous n'indemnisez pas les ouvriers qui y étaient occupés et qui sont obligés de s'expatrier. Le propriétaire a subi un dommage direct, l'ouvrier n'a subi qu'un dommage indirect : rien ne dit en effet que ce ne soit pas un avantage pour lui de travailler ailleurs. Le propriétaire ne peut rétablir son bien, l'ouvrier peut faire une autre journée peut-être plus avantageuse, l'incendie d'une forêt laisse plus de travail derrière lui que l'exploitation régulière, les ouvriers font d'ailleurs partout défaut et leur travail est très recherché.

Aussi bien que dans les départements qui n'ont pas subi l'invasion les populations soumises à l'occupation ont payé leur dette de sang et d'argent. Combien de sacrifices n'a-t-on pas fait pour faire partir les hommes valides. C'était la population locale qui garnissait les places et qui après avoir subi les souffrances d'un siége plus ou moins long a particulièrement peuplé les prisons d'Allemagne.

On a discuté aussi pour savoir si on devait la même indemnité à celui qui avait défendu héroïquement le terrain, qu'à celui qui avait cédé devant quelques détachements ? Pour les personnes qui n'ont pas subi l'invasion et qui n'y sont pas exposées, il est facile de faire des théories, et de tourner en acte de patriotisme ce qui n'est souvent qu'une question de tempérament. Lorsque les populations ont vu la retraite d'une armée poussée par un ennemi formidable, comment veut-on qu'elles agissent, si on ne leur a laissé aucun moyen de défense ? Y a-t-il plus de mérite à résister lorsqu'on sait qu'on doit être écrasé sans utilité et que cette résistance peut attirer de cruelles représailles sur toute une population, que de parlementer afin d'atténuer les ruines ? Ce sont là des questions d'appréciation, de tempérament et d'opportunité, qui ne peuvent être livrées à l'examen d'hommes chargés d'évaluer des dommages.

La nation est armée contre celui qui a favorisé le passage de l'ennemi ou même qui ne s'y est pas opposé lorsqu'il le pouvait, mais comme il est reconnu surabondamment que le pays n'était pas préparé pour la défense, la faute reste aux représentants de la France qui ont pu aveuglément déclarer la guerre. Leur négligence a seule occasionné les désastres et les dommages dont les départements envahis ont été victimes, et la nation en est responsable.

Les gouvernements qui veulent marcher de concert avec la nation lui confient des armes, ceux qui ont l'intention de l'exploiter ou qui en ont peur les lui retirent ; comment veut on qu'elle se défende contre l'étranger si on la désarme au profit du gouvernement ?

Les lois de la guerre considèrent comme assassin tout individu qui, ne faisant pas partie de l'armée régulière, est pris les armes à la main. Les Allemands ont même poussé la cruauté jusqu'à décimer la population des communes sur le territoire desquelles un de leurs soldats a été trouvé mort : c'est donc vouer la population civile au massacre que de vouloir qu'elle se défende quand on lui en ôte les moyens.

Les débats qui eurent lieu au corps législatif à l'occasion de la guerre agirent sur l'esprit public ; quelques-uns y puisèrent le courage de faire à l'ennemi une héroïque mais inutile résistance ; d'autres prévoyant l'issue fatale de la lutte, préférèrent ménager les populations et sauver le plus possible du naufrage que d'attirer sur elles, par une vaine défense, de terribles et sanglantes représailles. Les uns et les autres firent ce que leur conscience leur inspirait ; il ne faudrait pas qu'une question d'indemnité devint une cause de discorde ; tous ont eu a souffrir et nul ne mérite de reproches.

De grandes proclamations annonçaient que l'Allemagne ne faisait pas la guerre au peuple et que l'armée respectait les personnes et les propriétés ; on enlevait néanmoins tout sans payer. On donnait pourtant quelquefois des reçus ; on dit même que les négociateurs de la paix ont obtenu de M. de Bismark une réduction d'un milliard pour payer les dommages et réquisitions de guerre. Si ce point, qui paraît assez probable, parce que, d'une part, il n'a pas été dénié, et parce que, d'autre part, les Allemands ont assez largement indemnisé les victimes des pays annexés pour que leur intention soit établie, (il est d'ailleurs tout naturel que les Allemands paient les billets qu'ils avaient souscrit, ou qu'ils les fassent endosser par l'Etat français,) si ce point, disons-nous, est vrai, la Prusse aurait reconnu sa signature et la France ne pourrait guère garder ce milliard destiné à payer une dette particulière. Si la Prusse a laissé à la France un milliard pour indemniser les victimes de la guerre, serait-il juste qu'il profitât au pays qui refuse de reconnaître la solidarité ?

Ces reçus constituaient bien pour ceux qui les possédaient une créance contre le gouvernement allemand ; nous savons aussi que, si l'Allemagne a indemnisé largement les habitants des pays annexés, c'était pour acheter leur affection, plus peut-être que pour faire un acte de justice. Mais est-ce là une raison suffisante pour ne pas agir de même ? ne faut-il pas qu'on sache que la France malgré sa détresse sait faire les sacrifices qu'exigent l'équité comme la solidarité ? Ne doit-on pas tenir à montrer que dans le cas de nouveaux conflits, dont ils seraient l'objet, les pays annexés pourraient compter sur la justice du pays pour réparer leurs pertes ?

Nous avons entendu soutenir que si l'on payait intégralement les dommages, les paysans livreraient tout à l'ennemi, tandis qu'en leur laissant subir des pertes ils résisteraient, au moins pour conserver leurs denrées. En supposant aux paysans moins de patriotisme qu'ils n'en ont, en supposant qu'ils mettent au-dessus du salut du pays leur intérêt particulier, supposition injurieuse et tout à fait gratuite, faudra-t-il aller jusqu'à dire que le payement intégral des objets qui leur ont été enlevés les rendraient plus dociles par la suite : nous repoussons une pareille injure. S'il en était ainsi on devrait avoir beaucoup moins d'égards pour les réquisitions régulières et justifiées que pour les vols et pillages qui ont été la suite de la résistance. Ce serait le reçu qu'il faudrait repousser parce qu'il dénonce l'accueil fait à la réquisition.

Les habitants de Fontenoy ont vu leur village incendié parce qu'ils étaient soupçonnés d'avoir aidé les volontaires des Vosges à détruire le pont du chemin de fer sur la Moselle. Ils ont vu leur vie menacée et ont été forcés d'assister à l'incendie de leur maison et de leur mobilier sans qu'il leur fût permis de sauver le moindre objet. La plupart des habitants ont été jetés en prison où ils sont restés longtemps sans savoir ce qu'était devenues leurs familles; et cela pendant la partie la plus rigoureuse de l'hiver. S'ils ont donné leur concours à l'œuvre destructive du pont, agissaient-ils dans leur intérêt ou dans celui du pays ? Ce n'était pas dans l'intérêt des départements envahis puisqu'ils savaient que chaque acte de patriotisme exposait, non-seulement ses auteurs, mais les habitants de la contrée à de nouvelles réquisitions et à un redoublement de brutalité.

Eh bien ! il faut le dire à l'honneur des populations des départements envahis, lorsque les Allemands après avoir brûlé le village de Fontenoy, ont réclamé aux habitants de la contrée une contribution de guerre de 10 millions à l'occasion de la destruction de ce passsage, on n'a entendu formuler aucune plainte contre les auteurs de cet acte patriotique, et il nous paraît regrettable que l'Assemblée des représentants de la France ait permis à la charité publique de prendre une part quelconque à cette réparation nationale.

« Si ceux qui n'ont pas vu l'ennemi l'avaient vu de près, dit le rapporteur de la loi du 7 septembre 1871, ils comprendraient la nécessité de réparer. » Quand la panique est passée, celui qui n'en a pas souffert, est bientôt consolé du malheur des autres; ceci a été suffisamment établi lors de la souscription en faveur de la libération du territoire. Les pays non occupés sont restés, dans la souscription, bien au-dessous de ceux qui avaient subi l'invasion.

Sauf les pillages qui ont eu lieu à la suite d'actes d'hostilité contre l'ennemi, les réquisitions étaient adressées aux autorités, et si celles-ci refusaient, les Allemands cherchaient eux-mêmes et ne ménageaient rien ; les propriétaires sur qui tombait ce pillage étaient victimes innocentes de la résistance ou du refus des Maires.

Quelques tribunaux ont néanmoins jugé que lorsque le maire avait requis, la commune était responsable vis-à-vis des particuliers qui avaient fourni. Les responsabilités s'enchaînent, ce n'est pas la Commune : mais bien l'Etat ou la Nation responsable de la guerre qui l'est également des actes du maire, il est responsable de la réquisition que celui-ci a accueillie aussi bien que de son refus de livrer. C'est l'ordre du maire qui a fait fournir comme c'est son refus qui a fait piller.

Il résulte de cette jurisprudence que Pierre qui a été réquisitionné avec bon du maire pour 1,000 fr. les reçoit et que Jacques à qui on a enlevé pour 1,500 fr. sur refus du maire de fournir la réquisition, non seulement ne recevra rien, mais payera encore sa part d'impôt pour désintéresser Pierre, si le conseil municipal, d'accord avec les plus imposés, consent à voter les centimes additionnels nécessaires pour satisfaire au jugement, et dans le cas où cet accord n'aurait pas lieu et qu'il y ait alors nécessité de vendre ou d'imposer les biens dont la jouissance en nature est laissée aux habitants, les pauvres qui n'avaient rien à défendre payeront la même cotisation que les riches : deux solutions qui mènent également à une injustice.

Le maire est sans qualité pour engager la commune, il ne peut ni emprunter, ni acheter, ni aliéner quoi que ce soit, sans l'autorisation du conseil municipal, encore cette autorisation est-elle soumise à des formalités d'enquête et à la sanction de l'administration, et cela lorsqu'il y va d'un intérêt communal qui n'apparaît pas dans la guerre. Il agissait donc comme représentant du pouvoir chargé de parer à une calamité publique. C'est ainsi que dans le cas d'épizootie le maire peut faire abattre des bestiaux qui sont ensuite payés par l'Etat.

La représentation nationale seule a appuyé le gouvernement. La guerre n'était pas déclarée aux communes, mais à la Nation ; c'est encore à la Nation, par la voix du suffrage universel, qu'on a demandé des représentants pour traiter la paix. L'association communale est restée étrangère à tout.

Le maire était en outre choisi et nommé par le gouvernement. Ses concitoyens ne peuvent donc être rendus responsables de ses actes. C'est l'Etat, qui l'a investi de la puissance, qui est responsable aussi bien des réquisitions qu'il a faites que des conséquences de ses refus plus ou moins raisonnés.

Il y a une solidarité étroite entre le gouvernement et le magistrat auquel il délégue son autorité dans chaque commune, mais il ne peut y avoir solidarité entre les habitants et leur maire car ils ne l'avaient pas choisi et ont souvent même été obligés de le subir.

Si cette jurisprudence prévalait elle formerait une nouvelle doctrine en désaccord avec celle du conseil d'Etat qui, lorsque les réquisitions ont eu lieu de la part des maires par ordre des armées ennemies, rejette toute responsabilité soit de la part de l'Etat, du département ou de la commune (arrêté du 16 novembre 1825). Il est évident que lorsque le maire a consenti à faire droit à la réquisition, il a fallu qu'il la prît quelque part et que celui qui a fourni doit être indemnisé, mais c'est à l'administration qu'il incombe de couvrir ses maires. Affirmer la solidarité communale c'est reconnaître la solidarité nationale et ôter à la force majeure ses conséquences brutales. L'Etat est évidemment garant de ces condamnations. La solidarité nationale découle donc de tous points elle est réclamée par la justice aussi bien que par le patriotisme.

On s'est appuyé aussi pour rejeter le droit à indemnité sur l'article 39 du décret du 10 août 1853 qui porte que : *Toute occupation, toute privation de jouissance, toute démolition, toute destruction et autres dommages résultant d'un fait de guerre ou d'un moyen de défense pris, soit par l'autorité militaire pendant l'état de siége, ou par détachement devant l'ennemi n'ouvrent aucun droit à indemnité.*

Le décret dont il s'agit, quoique s'appliquant à des cas spéciaux, est tout simplement contraire aux principes de notre droit moderne, qui réclame la solidarité. A moins qu'on ait l'intention de créer autour des places de guerre un cordon sanitaire et de faire le vide dans leurs murs, de pareilles mesures sont impolitiques et spoliatrices. On comprend jusqu'à un certain point que les servitudes militaires qui ne frappent que des terrains de culture ne donnent pas lieu à indemnité, si elles ne changent par la destination naturelle, si elles ne modifient pas les conditions de la propriété, et si elles ne constituent pas une perte immédiate pour le propriétaire; on comprend également que quand un propriétaire construit dans les servitudes établies, il prend l'obligation de démolir sans indemnité en cas de guerre; il y a contrat, il n'y a rien à dire, mais nous n'admettons pas qu'en aucune circonstance il soit porté à un particulier et dans l'intérêt de la nation un dommage que celle-ci ne soit pas tenue de réparer, puisque c'est pour elle, par elle et à cause d'elle que le dommage a eu lieu.

Cet article ne peut avoir trait qu'aux constructions établies dans le rayon des servitudes, et qui auraient été autorisées avec obligation de démolir en cas de guerre, attendu qu'il serait en contradiction avec l'article 38 qui reconnaît le principe de l'indemnité dans des situations moins graves.

C'est aussi, nous le croyons, l'opinion de la commission de l'Assemblée nationale, car le rapporteur interpellé pour savoir si l'indemnité demandée comprenait le dommage causé par l'armée française a répondu : « que ceux qui avaient souffert des dommages par le fait de l'armée française avaient une action contre l'Etat. »

Nous n'allons pas aussi loin, et nous mettons sur le même pied les dommages causés par l'armée nationale et ceux qui l'ont été par l'ennemi; ils doivent être également réparés. Nous admettons même si l'on veut que ce n'est qu'un droit moral, mais il constitue une obligation sacrée pour celui qui doit la réparation.

De ce que, comme on l'a dit, l'Etat n'indemnise jamais des hasards de la guerre, nous ne croyons pas qu'il doive s'en suivre une doctrine applicable à tous les temps et à tous les régimes. Nous croyons que le principe de la solidarité est plus d'accord avec les principes démocratiques qui nous régissent. Il ne peut être question de créer un droit juridique qui permette à un particulier de traîner la nation devant les tribunaux; mais l'obligation de celle-ci n'est pas moins réelle et la liquidation doit se faire en famille.

En cas de guerre chacun doit faire le sacrifice de sa vie et de sa fortune pour sauver le pays ; tout appartient donc à la nation. Tout ce qui est sacrifié l'est dans l'intérêt de tous. Il n'y a pas plus de raisons de payer les réquisitions faites à l'intérieur, pour la défense, que celles qui sont forcées de la part de l'ennemi.

Il est convenu, dit-on, que le vainqueur a le droit de vivre et de lever des impôts sur les pays conquis. Il en est même qui disent qu'il a le droit de mettre le pays au pillage : droit honteux et sauvage; mais si c'est un droit, c'est une raison de plus pour rejeter la responsabilité sur l'auteur de la guerre et non sur les victimes, et pour que l'Etat rembourse impôts et entretien pendant l'invasion comme il en a pris ensuite la charge, après l'armistice.

Si la vie et la fortune de chacun doivent être sacrifiées à la nation pour l'intérêt commun, nul ne doit perdre que proportionnellement à son avoir avant la guerre s'il reste quelque chose après. Il ne peut être admis que ceux qui auront tout perdu en garantissant les autres recevront de ceux-ci un secours, ou une aumône comme s'il s'agissait d'un sinistre où la volonté de l'homme eût été étrangère.

La ville de Paris a appliqué chez elle le principe de la solidarité et elle répare tous les dommages de la guerre ; il est vrai qu'elle a reçu de l'Etat une indemnité qui lui fait sa situation spécialement avantageuse, mais elle avait tout d'abord mis ce principe en pratique.

Les territoires qui ont souffert de l'invasion ne sont pas exempts des impôts nécessaires à la garantie des emprunts et aux autres dettes qui ont été contractées pendant et après la guerre. Les départements envahis n'ayant pas été représentés dans les dépenses faites pour la défense, ces dettes devraient, suivant la logique des adversaires de la solidarité, rester pour le compte de ceux qui les ont consenties. On pouvait tout aussi bien requérir chez les propriétaires aisés les denrées nécessaires à l'armée de défense, que d'emprunter pour les payer ou d'acheter à crédit, pourquoi les réquisitions forcées qui ont eu lieu chez nous ne seraient-elles pas garanties.

On entend souvent dire que l'Etat n'est pas assez riche pour tout payer. Il y a un axiome en géométrie qui dit : *que le tout est plus grand que la partie.* La masse des fortunes individuelles qui constitue la richesse nationale est plus grande qu'aucune fortune individuelle. Si cette fortune pouvait être évaluée avant la guerre à 200 milliards et si les dommages matériels causés par l'invasion s'élèvent à 800 millions, le tout ne vaudra plus que 199 milliards et 200 millions, chaque milliard contribuera à la perte pour 4 millions, chaque million pour 4,000 fr., chaque mille francs pour 4 fr.

Après un désastre comme celui que nous avons subi, il est nécessaire de faire un inventaire et de préparer sa liquidation : c'est de bonne administration.

On fait entre l'Etat et la Nation une confusion qu'il nous paraît utile de rectifier. Il est évident que si l'Etat considéré comme gouvernement prend sur les seules ressources qui sont mises à sa disposition, et dont l'emploi est déterminé, pour payer les dommages de la guerre, cela lui sera difficile ; notre système défectueux d'impôts ne permet pas de faire face à de grandes catastrophes. Mais n'y a-t-il pas d'autres moyens et l'Etat devrait-il déposer son bilan parce qu'on lui refuserait les moyens de faire honneur à ses obligations ?

L'Etat ou le gouvernement, car il est pris ici dans le même sens, n'est, quoiqu'il soit très souvent tenté de s'attribuer le rôle du souverain qu'il représente, que le régisseur des affaires de la nation. Les capitalistes qui lui prêtent, prêtent à la nation, qui toute entière garantit le prêt. Eh quoi ! vous emprunteriez des milliards pour faire des chemins de fer, qui enrichiront les compagnies, qui accroîtront les fortunes industrielles et commerciales, qui donneront des débouchés à l'agriculture, vous emprunteriez pour défendre le territoire et reconstituer l'armée, puis un jour vous pourriez refuser de payer vos dettes, sous prétexte que l'Etat est obéré ? Cela est-il supposable ? évidemment non, et la nation, c'est-à-dire tous, profitant de l'argent emprunté, garantit la créance sur tout son avoir.

Un propriétaire qui emprunterait pour faire valoir sa terre et qui ne voudrait pas que sa terre devînt le gage du prêt qu'il aurait contracté ne trouverait pas appui devant notre droit civil. Il n'y a pas deux balances pour la justice : l'une qui obligerait le particulier, l'autre qui évincerait le prêteur. Il ne faut donc pas rejeter le non-payement des dommages de la guerre sur une impossibilité de l'Etat, qui n'est pas l'instrument, mais sur la nation qui refuse de prendre sa part des charges qui lui incombent.

L'Etat est dit-on un père de famille qui sait ce qu'il doit à ses enfants, et s'il doit être bienfaisant il doit l'être dans la limite de son devoir, envers sa famille. Considéré comme père de famille l'Etat ne pourrait sans injustice refuser de réparer les pertes d'une guerre qu'il a déclarée, et ses enfants ne paraissent obligés de payer pour lui que s'il n'a pas suffisamment pour y satisfaire : alors ils doivent subvenir à ses besoins proportionnellement à leur situation.

On a pu trouver 5 milliards à emprunter, on aurait pu avec autant de succès, trouver 300 millions de plus, et l'équité, comme la solidarité si nécessaire à l'unité nationale eussent été satisfaites. Mais il ne nous paraît pas même nécessaire de faire intervenir l'Etat dans la question, et nous croyons qu'il serait plus simple et tout aussi pratique de faire le bilan des pertes entre les départements et de réclamer à ceux qui n'ont pas perdu leur contingent le complément qui devra couvrir l'excès des pertes des autres ; il y aura une moindre somme à déplacer, car il ne s'agit en effet que d'un déplacement qui ne peut amoindrir en quoi que ce soit la fortune nationale. C'est pour répondre à cette idée que nous avons dressé le tableau ci-après.

La nation ne perd rien à cette répartition qui ne pourrait au contraire qu'avoir une influence heureuse sur la marche des affaires ; attendu que plus la répartition du sinistre sera étendue moins il sera lourd à supporter et moins le malaise pèsera sur le travail réparateur.

Nous ne voyons aucun inconvénient à ce que les départements qui ont été les plus maltraités, aient sur ceux qui ont peu ou pas souffert une créance dont le titre rappelle longtemps son objet.

Les générations qui nous suivent n'entreprendront qu'à bon escient de pareilles guerres et elles sauront choisir des mandataires qui seront moins serviteurs et adulateurs du pouvoir. N'y aurait-il en faveur de la thèse que nous soutenons que ce dernier argument qu'il devrait être accueilli afin que le pays ne se laisse pas de gaieté de cœur entraîner dans de folles aventures sous les plus futiles prétextes.

Il faut que le peuple apprenne à ses dépens que ce n'est pas en vain qu'il remet sa fortune et sa vie entre les mains d'un seul homme, qu'il s'appelle Henri V ou Napoléon, et qu'un jour ou l'autre il peut être puni de sa confiance par une catastrophe épouvantable dont il fait les frais.

Il faut que tout le peuple sache que toutes ces guerres de conquêtes entreprises par ambition ou par orgueil peuvent bien donner de la gloire à ceux qui les dirigent, mais ne se traduisent jamais pour lui que par la misère et la ruine.

Les conquérants ont brisé tous les peuples et les grands empires qu'ils ont fondés se sont écroulés derrière eux lorsqu'ils n'en ont pas été témoins. L'histoire nous a transmis les noms des grands capitaines de l'antiquité, mais les peuples qui les ont suivis sont dans la poussière et le désert, et la ruine règnent souverainement sur les pays qu'ils avaient conquis.

C'est que toute ambition se heurte contre une autre ambition, que tout conquérant attend un vengeur, que tous excitent habilement la désunion entre les peuples qu'ils dominent afin de les jeter plus facilement les uns contre les autres.

Tous les peuples sont frères quoiqu'on ait dit des races qui peuplent le globe ; la science comme les religions leur assignent une origine commune. Les guerres, les émigrations, l'esclavage ont mêlé tous les hommes. Les éléments climatologiques et géologiques auxquels ils empruntent une partie de leurs principes organiques ont pu apporter quelques modifications dans leurs constitutions physiques, dans leurs caractères, leur tempérament et leurs mœurs, mais c'est partout la même humanité.

Peut-être un jour les peuples comprendront-ils que leurs discordes n'ont pas d'autres causes que l'ambition des Rois, mais en attendant on ne saurait trop leur apprendre ce que coûte la guerre pour qu'ils ne se précipitent plus aveuglément dans de pareilles aventures.

Enfin un homme profondément versé dans les sciences politiques et économiques, un homme illustre entre tous, repousse le principe de l'indemnité sans donner les raisons de son opposition. Nous le regrettons, car quoique nous ne partagions pas toutes ses convictions en matière d'économie politique, nous eussions été heureux de connaître des objections qui nous auraient peut-être fait renoncer à la thèse que nous défendons aujourd'hui. Nous le regrettons plus encore pour le pays, car un peuple qui exerce la souveraineté ne peut pas trop être éclairé et on ne doit pas lui ménager les leçons quelque dures qu'elles puissent paraître. Les nations comme les individus ont besoin de s'appuyer sur l'expérience et d'affirmer leur décision par la vérité des principes qui les dirigent.

La loi du 7 avril 1873 dit que la répartition sera faite entre les départements au *prorata* des pertes. Si les départements avaient perdu en proportion de leur fortune l'équité serait satisfaite, mais certains départements vont se trouver favorisés au détriment des autres, car il en est qui ont si peu perdu, relativement à leur situation, qu'au lieu de recevoir une indemnité ils devraient la payer. C'était pour prévenir ces inégalités que le conseil général de Meurthe-et-Moselle avait émis le vœu, dans sa dernière session, que la répartition fût faite en raison de la situation respective des départements.

A la guerre on prend à ceux qui possèdent, sans s'occuper de leur fortune, et ce ne sont pas toujours les plus riches qui perdent le plus. L'armée ennemie ne coûte pas plus à nourrir dans les pays riches que dans les pays moins fertiles ; une répartition en raison des pertes ne pourrait donc être équitable qu'autant que la réparation serait complète, car alors on prendrait sur tous proportionnellement ; celui qui n'a rien perdu payerait ainsi sa part ou ce qu'il aurait dû fournir, de même que le remboursement des pertes à ceux qui les ont subies ne les empêcheraient pas de verser au trésor répartiteur la portion qui leur incombe.

Les dispositions de la loi, qui prescrivent la répartition au *prorata* des pertes, obligent donc la nation pour être juste à dédommager les victimes de la guerre par l'équivalent.

Si l'on ne paye pas intégralement on ne doit donner à chacun que déduction faite de la portion qu'il devait supporter. Il ne serait pas juste de prélever, quoi que ce fût, sur ceux qui ont subi des dommages déjà disproportionnés à leur fortune, pour en indemniser d'autres qui auraient été moins frappés.

Il reste à couvrir une somme de 517 millions qui représente pour toute la France 1. 62 du montant des quatre contributions directes, c'est-à-dire un peu moins d'une année et 2/3, tandis que certains départements tels que ceux de Seine-et-Oise, de Seine-et-Marne, des Ardennes, de Meurthe-et-Moselle et du Loiret, restent avec des pertes qui varient de 7 à 19 fois le montant de leurs contributions.

Les effets de cette répartition entre les départements se manifesteront dans la distribution partielle, et l'on verra des propriétaires voisins appartenant à deux départements limitrophes traités d'une manière toute différente et en raison inverse de leur fortune. Ainsi les habitants du département des Ardennes resteront avec une perte de 11 fois le montant de leurs contributions tandis que pour ceux du département de l'Aisne elle ne sera que du double, et si on déduit la part proportionnelle que doit supporter chaque département la différence sera encore bien plus sensible : l'excédant des pertes sera pour les premiers de 946 % tandis que pour les autres ils n'atteindront que 65 % ; si nous ajoutons que les habitants des Ardennes sont beaucoup moins riches que ceux de l'Aisne nous arrivons à ce résultat : c'est que la nouvelle répartition produit ses effets en raison inverse des besoins.

Si la répartition de 200 millions avait été faite d'après les excédants de perte proportionnelle le département des Ardennes aurait obtenu près de 20 millions au lieu de 12, tandis que celui de l'Aisne aurait eu seulement 1703 fr.

Le département de Meurthe-et-Moselle qui n'obtient que 8,744,600 fr. aurait eu 11,919,000 fr. par une distribution proportionnelle des 200 millions aux excès de pertes et 14,200,000 si la répartition avait porté sur les 340 millions.

Nous pourrions donner d'autres exemples non moins frappants, mais ceux-ci nous paraissent suffire pour montrer la valeur du mode de répartition adopté par la loi du 7 avril 1873.

Le système préconisé par l'article 9 de la loi de 1792, nous paraît beaucoup plus équitable que celui qui a été suivi. Il accorde des indemnités aux citoyens proportionnellement à la fortune qui leur reste, à leurs besoins et aux pertes qu'ils ont éprouvées.

On comprend que la première fois on ait négligé de suivre des règles proportionnelles, il s'agissait d'un secours immédiat, mais ces règles ne peuvent pas toujours être méconnues sans soulever de graves *problèmes*. La proportionnalité dans les charges comme la responsabilité dans les actes d'intérêt public sont la sauvegarde de l'ordre moral, de la concorde et de la justice, et le paiement intégral peut seul y satisfaire.

Que l'on réduise autant que l'on voudra les réclamations, en écartant avec la plus grande sévérité les notes qui contiendraient des exagérations; car il est honteux de spéculer sur la misère publique, mais que les principes soient sauvés. Les départements frontières y ont le plus grand intérêt, et ils ne doivent pas cesser de réclamer le complément qui leur est dû. Ce n'est pas de l'argent qu'ils demandent, c'est la reconnaissance de leur droit et du principe de la solidarité.

Est-il indispensable que l'Etat prenne à sa charge la réparation des dommages causés par l'invasion ? nous ne le croyons pas, et nous pensons qu'il pourrait aussi avantageusement s'en dispenser, car comme il est obligé de prélever des impôts, aussi bien sur ceux qui doivent participer au dédommagement, que sur ceux qui n'y ont pas droit, (un tiers au moins des sommes allouées appartiennent déjà aux victimes de la guerre), il diminue d'autant le sacrifice de ceux qui n'ont pas souffert.

La proportion peut être établie d'après le montant des quatre contributions directes, ou d'autres bases plus exactes que l'administration pourrait avoir entre les mains; mais ces éléments ne se prêtent ni à l'arbitraire, ni aux faveurs, et lors même qu'ils ne seraient pas d'une exactitude rigoureuse, ils indiquent assez bien la situation relative des départements, des cantons et même des communes. On peut arriver ainsi à localiser autant que l'on voudra les compensations, chaque département peut opérer la liquidation entre les communes, les communes entre les particuliers, sans que l'Etat intervienne autrement que comme intermédiaire.

Ce mode de répartition des pertes a un autre caractère, c'est celui de répondre à l'objection plus apparente que réelle derrière laquelle l'Etat se retranche. Si on ne veut pas que les hommes soient frères, on ne peut contester que les départements sont les parties d'un même tout, et qu'ils peuvent fraternellement se partager les charges de la catastrophe commune. On ne voit d'ailleurs aucun inconvénient à dégrever légèrement les uns en chargeant d'autant les autres jusqu'à la liquidation puisqu'ainsi l'Etat ne perdrait aucun revenu.

Le tableau que nous donnons ci-après indique les résultats de l'opération, il démontre que tout les départements n'ont pas perdu en raison de leur richesse, et que plusieurs qui ont une part dans le dédommagement devraient concourir à indemniser les plus maltraités.

Si on fait, en effet, le bilan des pertes, on trouve qu'il était dû seulement 501,866,000 fr. à 19 départements sur 34 qui ont produit des états, et que si les 340 millions alloués avaient été appliqués seulement aux excès de pertes, le déficit serait bien amoindri.

Il est vrai de dire que quelques départements n'ont. été occupés qu'en partie, mais c'était, suivant nous, un motif de plus pour les laisser répartir leurs désastres chez eux : plus l'opération eût été circonscrite et plus il y aurait eu de sévérité dans la révision des réclamations. On peut voir d'ailleurs que pour plusieurs des départements qui ont été entièrement occupés, le chiffre des pertes réelles est inférieur aux chiffres des pertes proportionnelles.

Pourquoi le département de la Seine, dont les pertes totales s'élèvent à 269 millions, et qui devraient recevoir, d'après la proportion, et pour être complétement indemne, 152 millons 870 mille francs, est-il traité autrement que les autres ? Pourquoi reçoit-il 162 millions et se trouve-t-il couvert ou à peu près tandis que d'autres toucheront à peine le 1/4 de ce qui leur reviendrait proportionnellement ?

Il est vrai que cette somme de 140 millions comprend quelques dégâts commis par l'armée française pour réduire l'insurrection de la commune, mais ces dommages sont relativement peu importants.

- Nous admettons qu'on puisse dire qu'il y a dans les chiffres accusés (col. 5 et 6 du tableau général des pertes), comme vol, pillage, incendie, nourriture et logement des troupes, en ce qui concerne les départements, des exagérations qui peuvent ne pas exister dans le département de la Seine parce que la ville de Paris a déjà payé 200 millions de contributions de guerre, mais s'il y a des exagérations, il y a aussi des atténuations. Il est bon de remarquer que beaucoup de réclamations portées col. 6, (vol, pillage, incendie), sont aussi authentiques que certaines réquisitions appuyées de reçus, par exemple le bétail enlevé, les brèches et autres détériorations causées par le bombardement.

La discussion à laquelle cette allocation a donné lieu, n'a pas à nos yeux justifié le privilége que cette loi concerne, et les départements ont le droit de demander à être traités de la même façon.

Nous ne partageons pas toutefois l'avis de ceux qui ont prétendu laisser pour compte à la ville de Paris sa contribution de guerre, sous prétexte qu'il s'agit d'un impôt municipal qui lui épargnait le pillage. Ce n'est pas plus Paris que la province qui a fait la guerre. Ce sont les mêmes causes, elles doivent avoir les mêmes conséquences. D'ailleurs le pillage eût sans doute donné lieu à des réclamations plus importantes.

Nous ne trouvons pas non plus qu'on ait trop accordé à la ville de Paris. Nous ne nous plaignons que de la disproportion des à-comptes, et pour le département de la Seine, comme pour les autres, nous demandons une réparation aussi complète que possible.

Nous convenons que la difficulté de rechercher la vérité sur certaines réclamations ait jeté du discrédit sur toutes les autres, et nous comprendrions qu'on leur fît subir une réduction proportionnelle, mais à la condition de les payer intégralement; l'arbitraire qui s'est manifesté dans la première répartition ne serait plus à craindre.

Quelques précautions que l'on prenne, quelque sévérité que l'on y apporte, on ne pourra pas faire qu'une répartition qui n'est plus assujettie à des règles fixes, ne se ressente pas des faiblesses humaines, et ne donne lieu à des critiques plus ou moins fondées : ce qu'il faudrait éviter dans l'intérêt de la concorde publique.

Ce n'est peut-être pas sans raison que l'on a censuré les travaux et la composition des commissions chargées de constater et de contrôler les réclamations. La partie payante aurait pu y être plus largement représentée. C'est surtout dans les commissions locales où le contrôle eût été plus efficace que l'élément fiscal a fait défaut. Les choses sont toujours mieux étudiées sur place, et les commissions cantonnales, comme les commissions départementales, n'ont pas toujours eu les moyens de rendre une bonne justice.

Il y avait à cette époque un grand nombre d'agents sortis des pays annexés et attendant une nouvelle résidence, qui eussent pu rendre là de bons services. Il n'est donc pas surprenant que dans son rapport à M. le président de la République, M. le ministre de l'intérieur critique ces opérations qu'il a dû, dit-il, faire rectifier en plusieurs points. Ce travail est-il aujourd'hui à l'abri de reproches? Nous le désirons sans l'espérer.

Nous avons pu nous convaincre que le contrôle n'a pas été fait partout avec la même sévérité, mais les précédents ne s'y prêtaient pas. On a toujours au moment du désastre promis beaucoup, puis on n'a presque jamais donné qu'une aumône. Aussi avons-nous entendu soutenir qu'il fallait réclamer beaucoup pour avoir une part plus large dans la répartition. C'est qu'en effet la théorie de l'irresponsabilité conduit à l'immoralité. Les membres des commissions n'ont-ils pas quelquefois pensé que ce qu'on aurait à distribuer ne méritait peut-être ni tous les soucis que le travail exigeait pour être bien fait, ni les risques que l'on connaît, en froissant par un doute ou par une discussion l'amour-propre de quelques réclamants.

Les gens les plus intéressés ont fait plus de bruit que les autres lorsqu'on leur a enlevé quelque chose et ils se sont à eux-mêmes exagéré leurs pertes; d'autres, dans le but de consoler leurs voisins ou de ne pas paraître avoir été ménagés, étalaient des dommages imaginaires qu'un amour-propre déplacé, quoiqu'ils n'espérassent rien, les a quelquefois portés à traduire en réclamations. Il en est peut-être aussi qui ont spéculé. Mais à côté de ceux-là, combien n'ont pas fait de réclamations ou ont atténué leurs pertes pour ne pas s'exposer à être discutés. La notoriété publique fait facilement justice de ces exagérations et beaucoup de réclamations n'auraient pu supporter la publicité, mais il y a à côté de cela des pertes tellement prouvées, qu'on ne peut les discuter et qu'il faut payer.

On a remboursé les contributions jusqu'à concurrence du double de l'impôt français, tandis que les Allemands, qui ne faisaient pas, disaient-ils, la guerre au peuple, ont quadruplé et quintuplé l'impôt ordinaire. Lorsqu'on a fait reporter le complément aux réquisitions justifiées, chacun pensait qu'il serait également remboursé.

On s'est difficilement rendu compte des motifs qui ont fait écarter de la première distribution les notes portées dans la colonne 5 au titre *Logements et nourriture de troupes*. Dans un grand nombre de cas les fournitures faites aux troupes pour nourriture étaient comptées à part, soit que les soldats se soient servis eux-mêmes les choses qu'ils trouvaient à leur convenance, soit que le réclamant ait trouvé que l'application du tarif lui donnerait un bénéfice illicite, soit même qu'il ne l'eût pas trouvé suffisamment réparateur. Ces notes ainsi formulées étaient pour la plupart portées dans la colonne numéro 6 qui recevait tout ce que les autres titres ne semblaient pas désigner dans leur spécialité. On les mettait à l'etc, et on ne voit guère la différence qui peut exister entre ces deux situations d'avoir fourni les choses nécessaires à la nourriture et au logement ou d'avoir nourri et logé. Il est donc arrivé que des indemnitaires ont reçu 30 p. 0/0 de leurs réclamations, tandis que leurs voisins qui se trouvaient dans la même situation, quant à la nature des pertes, ont vu leurs notes écartées sans y rien comprendre. Cette colonne se prêtait à la vérité aux doubles emplois, car avant l'armistice les soldats recevaient souvent des rations, ce qui ne les empêchaient pas de prendre chez les habitants le complément qu'ils y pouvaient trouver.

Mais ce sont surtout les sommes portées dans la colonne numéro 6 qui sont susceptibles de critiques, car comme nous venons de le dire, l'*etcœtera* se prêtait à tout, et ce qui, suivant l'interprétation particulière de chaque commission, ne paraissait pas accompagné de justifications plus ou moins probantes ou authentiques était porté dans cette colonne. Il y a donc là, parmi des réclamations plus ou moins justes, des pertes sérieuses et qui auraient demandé un classement spécial ou qui eussent été mieux placées dans la colonne 4, parce qu'elles sont indiscutables. Pourtant il est juste de reconnaître que si la nation a le devoir de réparer les pertes, elle n'est tenue que de celles qui lui paraissent réelles. Elle a évidemment le droit de s'assurer que les créances qu'on lui présente sont légitimes et, à ce titre, elle pourrait donc repousser ou réduire une partie des nombreuses réclamations portées dans les colonnes 5 et 6 qui n'ont pour garantie que les déclarations des intéressés.

Les pertes comprises dans les deux colonnes précitées s'élèvent à 492 millions, si cette somme était réduite de 50 %, il resterait une perte totale à couvrir d'environ 270 millions, qui, répartie entre les départements proportionnellement, donnera lieu seulement à un déplacement de 156 millions. Ce n'est certainement pas là une dette considérable, surtout lorsque les échéances peuvent être multipliées.

Lorsque les départements envahis ont pu en 7 mois payer à l'ennemi en argent et en denrées, 860 millions qui représentent 10 fois leur contribution, les contrées qui n'ont pas subi l'invasion doivent pouvoir, sans grands efforts, rembourser moins d'une fois le contingent de leurs impôts directs, en un nombre d'annuités qu'il ne nous appartient pas de déterminer.

Nous avons dit que la ville de Paris a, comme beaucoup d'autres localités, donné l'exemple de la solidarité; il n'y a pas plus de raison pour que les habitants d'une même commune se partagent proportionnellement leurs pertes, qu'il n'y en a pour que les villes et communes agissent de même dans toute la France.

En résumé, la souveraineté populaire aboutit forcément à la solidarité, autrement il n'y aurait aucune responsabilité dans les actes de la souveraineté, ce qui serait contraire à toute gestion sérieuse. La solidarité et la responsabilité qui en découle obligent la nation souveraine à réparer les désastres dont ses actes ont été la cause.

D'après les principes sur lesquels repose notre organisation sociale, les charges publiques doivent être proportionnelles. Il est évident que les deux répartitions qui viennent d'être faites ont créé des inégalités qui contrastent avec ces principes.

En conséquence, la guerre de 1870 étant le fait de la nation, les dommages qui en ont été la conséquence doivent être supportés proportionnellement par tous, au moyen du remboursement intégral des dommages, ou par la répartition proportionnelle des pertes entre tous.

C'est cette solution que cette notice a pour principal objet de solliciter.

Quant à ce qui regarde particulièrement le département de Meurthe-et-Moselle, la somme de 3,875,700 fr. qui lui est allouée, ne forme pas 1/6 des pertes qui restent à réparer; elle sera certainement insuffisante à corriger les inégalités produites par la première répartition. Aussi ne pourrions nous pas partager l'enthousiasme de M. le ministre pour la générosité des secours accordés par le pays aux victimes de l'invasion ; dussions nous être accusé d'ingratitude nous déclarons que nous n'en sommes pas satisfait. L'embarras est grand pour ceux qui sont chargés de la distribution. Il y a des particuliers qui ne sont certainement pas des nécessiteux, et qui ont reçu sur les premiers 100 millions, 50 % du montant de leurs pertes. On avait promis un généreux secours et on pensait pouvoir rétablir plus tard l'équilibre. Mais voilà que le total des pertes a augmenté, et que les ressources ont diminué. Dans tous les cas, nous demandons que la répartition soit faite suivant des règles fixes et proportionnelles, en tenant compte de l'excédant relatif des pertes.

NOTE. — Tout ce qui précède était écrit, quand nous avons reçu le numéro du *Journal officiel* qui contenait la répartition faite entre les départements, conformément à la loi du 7 avril 1873, c'est-à-dire au prorata des pertes.

Le département de Meurthe-et-Moselle figure seulement, dans cette répartition, pour une somme de 8,744,600 fr., et comme il a déjà reçu sur la première allocation, 4,868,900 fr., il ne reste à distribuer aujourd'hui que 3,875,700 fr., un million ou 1/5 en moins que la première fois. Il sera difficile, avec cette somme, de donner saisfaction aux nombreuses réclamations que les écarts de la première répartition ont fait naître.

Nous avons dit que la ville de Paris avait obtenu 140,000,000 pour sa contribution de 200,000,000, c'est-à-dire 70 p. 0/0 ; or, nous voyons aujourd'hui le département de la Seine (moins la ville de Paris) figurer pour 22,033,400 fr. pour pertes non justifiées de 72,408,000 fr., soit 30 p. 0/0.

La loi ni le décret ne font de distinction entre les diverses catégories de pertes ; on peut donc se demander si les Conseils généraux ont le droit d'en faire une.

Il n'est guère admissible que si le législateur avait entendu distinguer entre les pertes, il n'eût réglé le prorata d'après les catégories établies par les commissions départementales de révision dont les états doivent, suivant la loi, servir de base à la répartition.

Avant tout, la loi doit être juste et l'on ne peut supposer qu'elle accorde directement 30 p. 0/0 sur tel objet volé dans tel département, et qu'elle permette que pour le même objet, dans un autre département, le dédommagement puisse descendre à 10 p. 0/0.

Les chiffres des diverses catégories varient dans des proportions très-grandes entre les départements; si le département de la Seine a toutes ses pertes dans la dernière catégorie, le département de l'Aube les a toutes ou presque toutes dans la première; de sorte que les pertes justifiées du département de l'Aube, ne recevront pas plus que les pertes non justifiées du département de la Seine. Pourquoi en serait-il autrement ailleurs ?

Il n'est cependant pas juste que les pertes authentiques ne soient pas mieux traitées et n'aient pas plus de valeur que de simples réclamations plus ou moins sincères; c'est, d'ailleurs, ce que le gouvernement ainsi que la Commission de l'Assemblée nationale ont reconnu lorsqu'ils ont prescrit de faire des catégories.

Nous avons déjà démontré que cette répartition au prorata des pertes favorisait les départements riches au détriment des départements pauvres, en ce qu'elle ne tenait pas compte de leurs richesses relatives. Nous montrons aujourd'hui qu'elle est tout à l'avantage des réclamations les moins fondées en mettant au même rang les pertes douteuses et celles qui sont authentiques.

Le département de Seine-et-Oise a pour 153 millions de pertes, dont 13 millions seulement justifiées, il peut couvrir entièrement les premières et donner encore 24 p. 0/0 aux autres. Quel département pourrait approcher de ce résultat !

Si, comme il est de toute justice, on veut traiter tous les départements comme celui de la Seine, on doit donner 30 p. 0/0 aux deux dernières catégories, que nous ne voyons aucun inconvénient à réunir, et 60 p. 0/0 au moins à la première, ce qui ferait, pour tous les départements,

1re catégorie (pertes justifiées), environ $160,000,000 \times 0.60 = 96,000,000$
2e et 3e d° (logements et nourriture, vols, etc.), d° $507,000,000 \times 0.30 = 152,000,000$
$\overline{248,000,000}$

Ce serait donc un supplément d'environ 30 millions à ajouter pour rétablir l'égalité.

Dans ces conditions, le département de Meurthe-et-Moselle aurait droit:
1re catégorie, environ $11,000,000 \times 0.60 = 6,600,000$
2e et 3e d° d° $17,757,000 \times 0.30 = 5,327,000$
$\overline{11,927,000}$

Ce n'est donc pas en vain que nous avons dit que cette allocation n'était pas la dernière. Il n'est pas possible que ces erreurs ne soient pas réparées.

| DÉPARTEMENTS. | PRINCIPAL des 4 contributions directes. | MONTANT des pertes définitives. | RÉPARTITION proportionnelle des pertes. | DIFFÉRENCE en moins. | DIFFÉRENCE en excès. | RÉPARTITION de la somme de 340 millions. | MONTANT des pertes après la répartition. | RÉPARTITION proportionnelle du restant des pertes. | DIFFÉRENCE en moins. | DIFFÉRENCE en excès. | MONTANT des pertes avec réduct. de 50 % sur les réclamat non justifiées. | RÉPARTITION proportionnelle des pertes. | DIFFÉRENCE en moins. | DIFFÉRENCE en excès. | RÉPARTITION des 340 millions proportionnellement aux départements autres que celui de la Seine. | RÉPARTITION des 200 millions aux départements autres que celui de la Seine. |
1.	2.	3.	4.	5.	6.	7.	8.	9.	10.	11.	12.	13.	14.	15.	16.	17.
Nord.	11.121.000	1.258.025	30.940.000	29.682.000		382.800	875.200	18.683.300	17.808.100		465.500	9.755.800	9.290.300			
Pas-de-Calais.	5.652.700	2.028.469	15.725.000	13.697.000		617.300	1.411.200	9.530.600	8.119.400		826.500	4.959.300	4.133.300			
Somme.	5.681.600	23.500.553	15.806.000		7.704.000	7.153.900	16.355.900	9.545.700		6.810.200	8.608.900	4.984.000		3.624.900	5.219.000	4.415.000
Seine-Inférieure.	10.889.900	13.708.977	30.291.000	16.582.000		4.171.600	9.537.400	18.295.200	9.184.800		5.669.900	9.952.500	4.282.600			
Eure.	4.967.800	13.095.199	13.820.000	725.000		3.984.800	9.110.400	8.345.900		764.500	6.505.600	4.358.100		2.147.500		
Calvados.	5.963.000	674.164	16.588.000	15.914.000		205.100	469.100	10.007.800	9.548.700		224.500	5.231.200	5.006.700			
Manche.	4.964.700		13.811.000	13.811.000				8.361.200	8.361.200			4.355.100	4.355.100			
Orne.	3.655.000	3.539.525	10.178.000	6.638.000		1.077.100	2.462.100	6.140.400	3.678.300		1.574.400	3.205.100	1.631.700			
Seine.	42.971.600	272.408.000	119.537.000		152.871.000	162.033.400	100.375.600	72.193.000		38.182.600	75.428.400	37.693.500		37.734.900	103.568.000	
Seine-et-Oise.	7.042.400	152.884.447	19.590.000		133.294.000	46.522.000	106.362.400	11.831.200		94.531.200	39.261.400	6.177.300		33.084.100	90.304.000	76.383.000
Seine-et-Marne.	4.427.700	46.416.345	12.317.000		34.099.000	14.124.300	32.292.000	7.438.500		28.853.500	13.635.600	3.884.100		9.751.500	23.101.000	19.539.000
Oise.	4.474.800	82.283.248	12.448.000	165.000		3.737.700	8.545.500	7.518.000		1.027.500	5.953.500	3.925.200		2.028.300		
Aisne.	5.139.100	17.267.522	14.296.000		2.972.000	5.254.400	12.013.100	8.533.500		3.379.600	4.986.600	4.508.200		478.400	2.013.000	1.703.000
Ardennes.	2.590.100	41.487.309	7.205.000		34.282.500	12.624.400	28.862.900	4.351.200		24.511.700	14.824.900	2.272.100		12.552.800	23.226.000	19.645.000
Marne.	3.891.800	19.985.830	10.826.000		9.160.000	6.081.600	13.904.200	6.538.600		7.365.600	6.907.300	3.404.300		3.493.000	6.205.000	5.270.000
Aube.	2.493.300	6.741.367	6.936.000	195.000		2.051.400	4.690.000	4.190.700		499.300	4.321.500	2.137.200		2.134.300		
Haute-Marne.	2.246.000	7.395.288	6.248.000		1.147.000	2.250.300	5.145.000	3.773.300		1.371.700	2.778.000	1.971.100		806.900	777.000	657.000
Meuse.	2.399.900	20.189.571	6.676.000		13.514.000	6.143.600	14.046.000	4.032.000		10.014.000	6.456.200	2.106.100		4.350.500	9.155.000	7.745.000
Meurthe-et-Moselle.	2.853.300	28.737.124	7.937.000		20.800.000	8.744.600	19.992.500	4.793.500		15.199.000	11.305.500	2.503.100		8.802.400	14.092.000	11.919.000
Vosges.	2.276.000	7.899.971	6.331.000		1.569.000	2.403.900	5.496.100	3.823.700		1.672.400	3.808.700	1.997.200		1.811.500	1.062.000	899.000
Loiret.	3.304.900	38.808.128	9.193.000		29.615.000	11.809.100	26.999.000	5.552.400		21.446.600	13.044.700	2.899.000		10.145.700	20.064.000	16.971.000
Eure-et-Loir.	3.282.700	25.706.397	9.132.000		16.574.000	7.822.300	17.884.600	5.514.900		12.369.700	5.707.400	2.880.000		2.827.400	11.228.000	9.498.000
Loir-et-Cher.	2.144.300	20.269.890	5.965.000		14.305.000	6.167.400	14.102.500	3.602.400		10.500.100	8.345.700	1.881.000		6.464.600	9.691.000	8.198.000
Indre-et-Loire.	2.799.300	4.485.296	7.787.000	3.332.000		1.364.800	3.120.500	4.702.800	1.582.300		1.272.000	2.456.100	1.184.100			
Indre.	1.673.500		4.655.000	4.655.000				2.811.500	2.811.500			1.468.000	1.468.000			
Cher.	1.831.700	108.416	5.095.000	4.987.000		33.000	75.400	3.077.300	3.001.900		41.400	1.607.000	1.565.600			
Nièvre.	2.189.100	5.617	6.090.000	6.084.000		1.700	3.900	3.677.500	3.673.600		3.900	1.921.000	1.917.100			
Allier.	2.375.500		6.608.000	6.608.000				3.990.800	3.990.800			2.084.200	2.084.200			
Creuse.	1.127.000		3.135.000	3.135.000				1.893.400	1.893.400			989.000	989.000			
Puy-de-Dôme.	3.663.500		10.191.000	10.191.000				6.154.700	6.154.700			3.214.300	3.214.300			
Cantal.	1.536.400		4.274.000	4.274.000				2.581.100	2.581.100			1.348.100	1.348.100			
Sarthe.	3.685.700	17.618.941	10.253.000		7.366.000	5.361.400	12.257.500	6.494.400		5.763.100	5.796.800	3.233.000		2.563.800	4.990.000	4.221.000
Mayenne.	2.569.700	637.350	7.148.000	6.511.000		193.900	443.400	4.317.300	3.873.900		145.600	2.254.100	2.108.500			
Haute-Vienne.	1.739.000		4.838.000	4.838.000				2.921.500	2.921.500			1.526.000	1.526.000			
Corrèze.	1.319.700		3.671.000	3.671.000				2.217.100	2.217.100			1.158.000	1.158.000			
Maine-et-Loire.	4.269.600		11.879.000	11.879.000				7.172.900	7.172.900			3.745.300	3.745.300			
Ille-et-Vilaine.	3.364.100		9.358.000	9.358.000				5.651.500	5.651.500			2.951.000	2.951.000			
Côtes-du-Nord.	2.644.500		7.356.000	7.356.000				4.442.700	4.442.700			2.320.100	2.320.100			
Finistère.	2.956.100		8.223.000	8.223.000				4.966.000	4.966.000			2.594.000	2.594.000			
Morbihan.	2.348.600		6.534.000	6.534.000				3.946.700	3.946.700			2.061.100	2.061.100			
Loire-Inférieure.	3.827.900		10.649.000	10.649.000				6.431.000	6.431.000			3.358.400	3.358.400			
Vienne.	2.104.500		5.854.000	5.854.000				3.535.600	3.535.600			1.846.000	1.846.000			
Deux-Sèvres.	2.235.600		6.229.000	6.229.000				3.755.800	3.755.800			1.961.100	1.961.100			
Vendée.	2.401.100		6.679.000	6.679.000				4.033.700	4.033.700			2.107.000	2.107.000			

DÉPARTEMENTS.	PRINCIPAL des 4 contributions directes.	MONTANT des pertes définitives.	RÉPARTITION proportionnelle des pertes.	DIFFÉRENCE en moins.	DIFFÉRENCE en excès.	RÉPARTITION de la somme de 340 millions.	MONTANT des pertes après la répartition.	RÉPARTITION proportionnelle du restant des pertes.	DIFFÉRENCE en moins.	DIFFÉRENCE en excès.	MONTANT des pertes avec réduct. de 50 % sur les réclamat^s non justifiées.	RÉPARTITION proportionnelle des pertes.	DIFFÉRENCE en moins.	DIFFÉRENCE en excès.	RÉPARTITION des 340 millions proportionnellement aux excès de pertes.	RÉPARTITION des 200 millions aux départem^ts autres que celui de la Seine.
1.	2.	3.	4.	5.	6.	7.	8.	9.	10.	11.	12.	13.	14.	15.	16.	17.
Charente-Inférieure.	3.902.200		10.856.000	10.856.000				6.565.700	6.565.700			3.423.500	3.423.500			
Charente.	2.995.200		8.830.000	8.330.000				5.031.900	5.031.900			2.628.000	2.628.000			
Haute-Saône.	2.229.800	15.078.787	6.202.000		8.877.000	4.588.400	10.490.400	3.746.100		6.744.300	5.822.300	1.956.000		3.866.300	6.014.000	5.087.000
Doubs.	2.199.200	5.945.659	6.128.000	182.000		1.809.200	4.136.500	3.694.700		441.800	3.165.500	1.929.000		1.236.500		
Jura.	2.133.100	8.580.612	5.934.000		2.646.000	2.611.000	5.969.600	3.583.400		2.386.200	2.709.700	1.871.000		838.700	1.792.000	1.516.000
Yonne.	2.899.600	5.176.773	8.316.000	3.219.000		1.575.300	3.601.500	4.871.300	1.269.800		1.717.900	2.544.000		826.100		
Côte-d'Or.	4.036.500	45.884.781	11.229.000		4.656.000	4.833.700	11.051.100	6.781.300		4.269.800	6.826.100	3.544.000		3.285.100	3.154.000	2.667.000
Saône-et-Loire.	4.492.500	31.370	12.497.000	12.468.000		9.500	21.900	7.547.400	7.525.500		6.800	3.932.300	3.925.500			
Ain.	2.018.800		5.616.000	5.616.000				3.391.600	3.391.600			1.771.000	1.771.000			
Rhône.	7.320.400		20.364.000	20.364.000				12.298.300	12.298.300			6.421.500	6.421.500			
Loire.	3.601.100		10.017.000	10.017.000				6.049.700	6.049.700			3.159.200	3.159.200			
Haute-Loire.	1.566.100		4.357.000	4.357.000				2.630.900	2.630.900			1.374.100	1.374.100			
Ardèche.	1.642.000		4.568.000	4.568.000				2.758.600	2.758.600			1.441.000	1.441.000			
Lozère.	825.100		2.295.000	2.295.000				1.386.000	1.386.000			724.000	724.000			
Gard.	3.456.900		9.616.000	9.616.000				5.807.800	5.807.800			3.112.200	3.112.200			
Hérault.	4.304.800		11.975.000	11.975.000				7.232.100	7.232.100			3.776.000	3.776.000			
Tarn.	2.454.800		6.829.000	6.829.000				4.124.100	4.124.100			2.154.000	2.154.000			
Aude.	2.596.200		7.222.000	7.222.000				4.361.600	4.361.600			2.278.200	2.278.200			
Haute-Garonne.	4.217.500		11.815.000	11.815.000				7.135.800	7.135.800			3.726.000	3.726.000			
Pyrénées-Orientales.	1.149.500		3.198.000	3.198.000				1.931.200	1.931.200			1.009.000	1.009.000			
Arriège.	1.040.700		2.895.000	2.895.000				1.748.400	1.748.400			913.000	913.000			
Dordogne.	3.140.600		8.736.000	8.736.000				5.276.200	5.276.200			2.755.300	2.755.300			
Gironde.	7.560.400		21.031.000	21.031.000				12.704.500	12.701.500			6.632.500	6.632.500			
Lot-et-Garonne.	3.021.100		8.404.000	8.404.000				5.075.300	5.075.300			2.650.000	2.650.000			
Lot.	1.822.500		5.070.000	5.070.000				3.064.800	3.061.800			1.599.100	1.599.100			
Tarn-et-Garonne.	2.230.800		6.205.000	6.205.000				3.747.700	3.747.700			1.957.000	1.957.000			
Aveyron.	2.226.200		6.183.000	6.183.000				3.740.000	3.740.000			1.953.000	1.953.000			
Landes.	1.340.900		3.732.000	3.732.000				2.252.900	2.252.900			1.177.000	1.177.000			
Gers.	2.346.100		6.526.000	6.526.000				3.941.300	3.941.300			2.058.100	2.058.100			
Hautes-Pyrénées.	1.051.700		2.926.000	2.926.000				1.766.900	1.766.900			932.000	932.000			
Basses-Pyrénées.	2.043.700		5.685.000	5.685.000				3.433.400	3.433.400			1.793.000	1.793.000			
Isère.	3.989.300		11.098.000	11.098.000				6.702.000	6.702.000			3.500.300	3.500.300			
Drôme.	2.114.500		5.882.000	5.882.000				3.552.400	3.552.400			1.855.000	1.855.000			
Hautes-Alpes.	738.700		2.055.000	2.055.000				1.241.100	1.241.100			648.000	648.000			
Basses-Alpes.	930.300		2.588.000	2.588.000				1.562.900	1.562.900			816.000	816.000			
Bouches-du-Rhône.	6.798.900		18.913.000	18.913.000				11.422.300	11.422.300			5.964.400	5.964.400			
Var.	2.486.400		6.917.000	6.917.000				4.177.200	4.177.200			2.181.000	2.181.000			
Vaucluse.	1.885.600		5.245.000	5.245.000				3.167.800	3.167.800			1.654.000	1.654.000			
Savoie.	1.032.500		2.873.000	2.873.000				1.734.600	1.734.600			906.000	906.000			
Haute-Savoie.	864.100		2.404.000	2.404.000				1.451.500	1.451.500			758.000	758.000			
Alpes-Maritimes.	1.393.400		3.876.000	3.876.000				2.172.900	2.172.900			1.223.100	1.223.100			
Corse.	496.600		1.381.000	1.381.000				834.300	834.300			436.000	436.000			
Belfort.	358.008	7.410.772	996.000		6.415.000	2.255.100	5.155.500	601.400		4.554.100	2.750.000	315.000		2.435.000	4.346.000	3.667.000
Totaux......	308.168.700	857.258.923	857.259.000	501.866.000	501.866.000	340.060.000	517.259.800	517.259.800	302.658.500	302.658.500	270.898.000	270.898.000	156.463.700	156.463.700	340.000.000	200.000.000